고려대
재미있는
한국어

쓰기 writing

고려대학교 한국어센터 편

④

KU PRESS
고려대학교출판문화원

고려대학교 한국어센터는 1986년 설립된 이래 한국어와 한국 문화를 재미있게 배우고 효과적으로 가르치는 방법을 연구해 왔습니다. 《고려대 한국어》와 《고려대 재미있는 한국어》는 한국어센터에서 내놓는 세 번째 교재로 그동안 쌓아 온 연구 및 교수 학습의 성과를 바탕으로 하고 있습니다.

이 책의 가장 큰 특징은 한국어를 처음 접하는 학습자도 쉽게 배워서 바로 사용할 수 있도록 구성했다는 점입니다. 한국어 환경에서 자주 쓰이는 항목을 최우선하여 선정하고 이 항목을 학습자가 교실 밖에서 사용할 수 있도록 연습 기회를 충분히 그리고 다양하게 제공하고 있습니다.

이 책을 내기까지 많은 분들의 도움을 받았습니다. 먼저 지금까지 고려대학교 한국어센터에서 한국어를 공부한 학습자들께 감사드립니다. 쉽고 재미있는 한국어 교수 학습에 대한 학습자들의 다양한 요구가 없었다면 이 책은 나오지 못했을 것입니다. 그리고 한국어 학습자들의 요구에 부응하기 위해 열정적으로 교육과 연구에 헌신하고 계신 고려대학교 한국어센터의 선생님들께도 감사드립니다.

무엇보다 한국어 학습자와 한국어 교원의 요구 그리고 한국어 교수 학습 환경을 종합적으로 고려한 최상의 한국어 교재를 위해 밤낮으로 고민하고 집필에 매진하신 저자분들께 깊은 감사를 드립니다. 이 밖에도 이 책이 보다 멋진 모습을 갖출 수 있도록 도와주신 고려대학교 출판문화원의 김상용 원장님과 직원 여러분께도 감사드립니다. 그리고 집필진과 출판문화원의 요구를 수용하여 이 교재에 맵시를 입히고 멋을 더해 주신 랭기지플러스의 편집 및 디자인 전문가, 삽화가의 노고에도 깊은 경의를 표합니다.

부디 이 책이 쉽고 재미있게 한국어를 배우고자 하는 한국어 학습자와 효과적으로 한국어를 가르치고자 하는 한국어 교원 모두에게 도움이 되기를 바랍니다. 또한 앞으로 한국어 교육의 내용과 방향을 선도하는 역할도 아울러 할 수 있게 되기를 희망합니다.

2021년 11월
국제어학원장 김정숙

이 책의 특징

《고려대 한국어》와 《고려대 재미있는 한국어》는 '형태를 고려한 과제 중심 접근 방법'에 따라 개발된 교재입니다. 《고려대 한국어》는 언어 항목, 언어 기능, 문화 등이 통합된 교재이고, 《고려대 재미있는 한국어》는 말하기, 듣기, 읽기, 쓰기로 분리된 기능 교재입니다.

《고려대 한국어》 4A와 4B가 100시간 분량, 《고려대 재미있는 한국어》 말하기, 듣기, 읽기, 쓰기가 100시간 분량의 교육 내용을 담고 있습니다. 200시간의 정규 교육 과정에서는 여섯 권의 책을 모두 사용하고, 100시간 정도의 단기 교육 과정이나 해외 대학 등의 한국어 강의에서는 강의의 목적이나 학습자의 요구에 맞는 교재를 선택하여 사용할 수 있습니다.

<고려대 재미있는 한국어>의 특징

▶ **한국어 사용 환경에 놓이지 않은 학습자도 쉽게 배울 수 있습니다.**
- 성취 수준을 한국어 표준 교육 과정에 맞췄습니다. 한국어를 정확하고 유창하게 사용하는 것이 목표입니다.
- 주제 및 의사소통 기능과 관련된 다양하고 풍부한 입력을 제공하여 충실하게 의사소통 활동을 할 수 있습니다.
- 학습자가 필요로 하는 표현을 제시하고 연습하는 단계를 마련하여 학습한 내용의 이해에 그치지 않고 바로 사용할 수 있습니다.

▶ **학습자의 동기를 이끄는 즐겁고 재미있는 교재입니다.**
- 한국어 학습자가 가장 많이 접하고 흥미로워하는 주제와 의사소통 기능을 다룹니다.
- 한국어 학습자의 특성과 요구를 반영하여 실제적인 자료를 제시하고 유의미한 과제 활동을 마련했습니다.
- 한국인의 언어생활, 언어 사용 환경의 변화를 발 빠르게 반영했습니다.
- 친근하고 생동감 있는 삽화와 입체적이고 감각적인 디자인으로 학습의 재미를 더합니다.

<고려대 재미있는 한국어 4>의 구성

▶ 말하기 15단원, 듣기 13단원, 읽기 13단원, 쓰기 13단원으로 구성하였으며 한 단원은 내용에 따라 1~4시간이 소요됩니다.

▶ 각 기능별 단원 구성은 아래와 같습니다.

말하기

도입	배워요 1~2	말해요 1~3	자기 평가
학습 목표 생각해 봐요	주제, 기능 수행에 필요한 어휘와 문법 제시 및 연습	• 유의적 연습 • 의사소통 말하기 과제	

듣기

도입	들어요 1	들어요 2~3	자기 평가	더 들어요
학습 목표 생각해 봐요	어휘나 표현에 집중한 부분 듣기	주제, 기능과 관련된 다양한 듣기		표현, 기능 등이 확장된 듣기

읽기

도입	읽어요 1	읽어요 2~3	자기 평가	더 읽어요
학습 목표 생각해 봐요	어휘나 표현에 집중한 부분 읽기	주제, 기능과 관련된 다양한 읽기		표현, 기능 등이 확장된 읽기

쓰기

도입	써요 1	써요 2	자기 평가
학습 목표	어휘나 표현에 집중한 문장 단위 쓰기	주제, 기능에 맞는 담화 차원의 쓰기	

▶ 교재의 앞부분에는 '이 책의 특징'을 배치했고, 교재의 뒷부분에는 '정답'과 '듣기 지문'을 부록으로 넣었습니다.

▶ 모든 듣기는 MP3 파일 형태로 내려받아 들을 수 있습니다.

<고려대 재미있는 한국어 4>의 목표

소식과 정보, 엔터테인먼트, 취업, 사건·사고, 사회 변화 등 친숙한 사회적, 추상적 주제를 이해하고 표현할 수 있습니다. 제품의 문제 설명하기, 소식 전달하기, 조사 결과 설명하기 등 사회적 의사소통 기능을 정교하게 수행할 수 있습니다.

이 책의 특징

단원 제목

· 단원의 제목입니다.

학습 목표

· 단원의 의사소통 목표입니다.

써요 1

· 단원의 주제를 표현하거나 기능을 수행하는 데 필요한
  어휘 및 문법 표현에 초점을 둔 쓰기 연습 활동입니다.
· 문장 단위의 쓰기입니다.

쓰기 확장

· 장르적 특성에 초점을 둔 쓰기 과제 활동입니다.

생각해 봐요

· 장르에 맞는 문체로 쓰기 또는 의미와 기능이 유사한 표현의
  쓰임을 구별하기 위한 활동입니다.

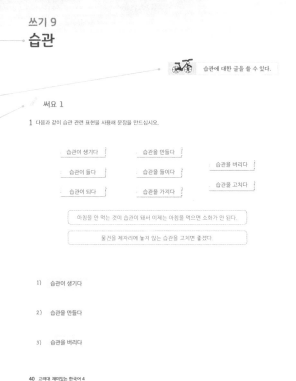

✎ 써요 2

● 여러분이 살면서 먹은 음식 중 가장 기억에 남는 인생 음식에 대한 글을 쓰십시오.

1 다음에 대해 생각해 보십시오.

　　1) 어떤 음식인지

　　2) 언제, 어디에서, 누구하고 먹었는지

　　3) 그 음식을 먹기 전 어떤 상황, 어떤 기분이었는지

　　4) 그 음식은 어땠는지 (맛, 식감, 냄새, 느낌 등)

　　5) 음식을 먹으면서 어떤 느낌을 받았는지

　　6) 그 이후에도 그 음식을 먹고 있는지

2 위의 내용을 바탕으로 글을 쓰려고 합니다. 좀 더 생생한 느낌을 전달하기 위해 어떤 표현을 사용할지 메모하십시오.

　　의성어·의태어

　　　비유
　　(처럼, -을 정도 등)

쓰기 5_인생 음식 **27**

써요 2

· 단원의 주제와 기능이 구현된 의사소통적 쓰기 과제 활동입니다.
· 담화 단위의 쓰기로 담화의 내용을 유도하는 단서를 이용해 쓰기를 합니다.

3 메모한 내용을 바탕으로 글을 쓰십시오.

써요 1 ~ 2

· 형태적, 내용적 긴밀성을 갖추고 장르의 특성에 맞는 담화의 산출을 목표로 하는 쓰기 과제 활동입니다.

자기 평가

· 학습 목표의 달성 여부를 학습자가 스스로 점검합니다.

설명의 방법을 사용해 글을 쓸 수 있습니까?　☆☆☆☆☆

쓰기

차례

부록

쓰기 1
자기소개서

 대학교 지원을 위한 자기소개서를 쓸 수 있다.

생각해 봐요

● 다음은 대학 지원 서류 중 하나인 자기소개서의 질문입니다. 무슨 내용을 써야 할지 생각해 보십시오.

Q 우리 학교와 해당 전공에 지원한 동기가 무엇입니까?

Q 성격의 장점과 단점은 무엇입니까? 성격 형성에 영향을 미친 사람이나 책은 무엇입니까?

Q 우리 학교에 적합한 인재가 되기 위해 어떤 노력과 준비를 했습니까?

Q 학업 외의 분야에서 스스로 목표를 세우고, 이루기 위해 노력을 기울인 경험이 있습니까?

Q 성공적인 유학 생활을 위해 필요한 능력은 무엇이라고 생각합니까? 그 능력을 갖추기 위해 어떠한 노력을 했습니까?

Q 우리 학교에 다니는 동안의 학업 목표는 무엇이고, 목표를 이루기 위해 어떻게 할 것입니까?

Q 우리 학교를 졸업한 후의 진로 및 계획은 무엇입니까?

써요 1

1 어느 대학, 어느 학과, 무슨 전공에 지원할지 정하십시오.

2 아래 자기소개서의 질문을 확인하고 써야 할 내용을 메모하십시오.

자기소개서

---

1. 우리 학교와 해당 전공에 지원한 동기가 무엇입니까?

(500자 이내)

---

2. 우리 학교에 적합한 인재가 되기 위해 어떠한 노력과 준비를 했습니까?

(500자 이내)

---

3. 우리 학교에 다니는 동안의 학업 목표는 무엇이고, 그 목표를 이루기 위해 어떻게 할 것입니까?

(500자 이내)

---

4. 우리 학교를 졸업한 이후의 계획은 무엇입니까?

(500자 이내)

---

3 메모한 내용을 바탕으로 자기소개서를 쓰십시오.

써요 2

1 자기소개서의 평가 기준을 참고해 본인이 작성한 자기소개서의 문제를 확인하십시오.

자기소개서의 평가 기준

✔ 지원한 학교와 전공에 대해 잘 알고 있다는 것이 드러나도록 썼는가?

✔ 자신의 능력이나 과거 경험을 지원한 전공과 관련지어 썼는가?

✔ 앞으로의 학업 계획을 구체적으로 썼는가?

✔ 학업에 대한 열정과 의지가 잘 보이게 썼는가?

2 자기소개서를 어떻게 고치면 위의 평가 기준에 맞을지 생각해 보십시오.

1) 부족한 내용은 무엇입니까? 어느 부분에 무슨 내용을 추가할 것입니까?

2) 불필요한 부분은 어디입니까? 왜 그렇게 생각합니까?

3) 수정해야 할 부분은 어디입니까? 어떻게 수정할 것입니까?

3 생각한 내용을 바탕으로 고쳐 쓰십시오.

대학교 지원을 위한 자기소개서를 쓸 수 있습니까?

쓰기 2
중고 물품 판매

 중고 물품을 판매하는 글을 쓸 수 있다.

써요 1

1 아래 물건을 판매하는 글을 쓰려고 합니다. 다음에 대해 쓰십시오.

1) 판매할 물품은 무엇입니까?

2) 판매할 물품은 크기가 어떻게 됩니까? (가로/세로/높이, ~ 정도 되다)

3) 판매할 물품은 색깔이나 모양이 어떻습니까?

4) 판매할 물품은 언제 구입했습니까? (−은 지 ~ 되다)

5) 구매하려는 사람에게 알려 줘야 할 정보를 쓰십시오. (기능이나 성능, 사용하는 데 문제가 될 만한 부분 등)

6) 얼마에 판매할 겁니까?

7) 직거래와 택배 중 어떤 방식으로 판매할 겁니까?

써요 2

● 중고 물품을 판매하는 글을 쓰십시오.

1 판매할 물건에 대해 생각하고 메모하십시오.

　　1) 판매할 물건을 고르십시오.

☐	☐	☐	☐	☐	☐
생활 용품	가전 제품	가구	운동 용품	의류	

2) 판매할 물건의 종류나 이름을 쓰십시오. 그리고 물건의 무엇에 대해 쓸지 ✔표를 하고 메모하십시오.

☐ 판매 가격   ☐ 구입 시기

☐ 재료   ☐ 모양   ☐ 색깔

☐ 특장점   ☐ 현재 상태   ☐ 크기

☐ 거래 방식(직거래/택배)   ☐ 판매자 연락처

3) 물건이 잘 팔리도록 하려면 무엇을 강조해야 할지 생각해 보십시오. 중고 거래 사이트에서 많이 사용되는 표현을 참고해도 됩니다.

2 메모한 내용을 바탕으로 중고 물품 판매 글을 쓰십시오.

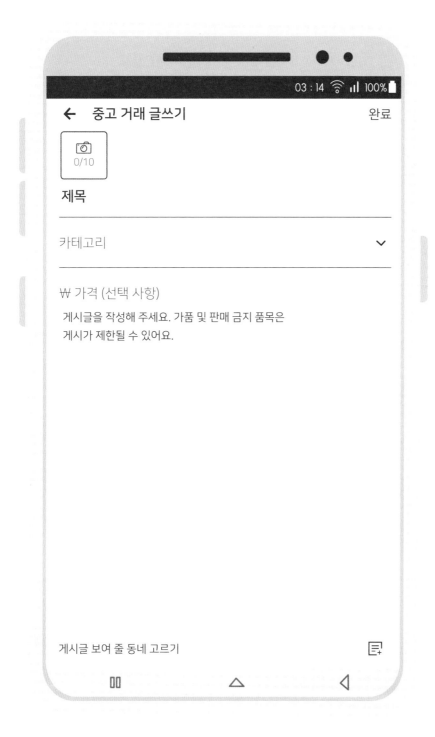

3 중고 물품 판매 사이트에 글을 올려서 자신에게 불필요한 물건을 파십시오.

중고 물품을 판매하는 글을 쓸 수 있습니까? ☆ ☆ ☆ ☆ ☆

쓰기 3
집 안의 문제

 집 안의 문제를 알리는 글을 쓸 수 있다.

써요 1

1 집 안의 문제를 알리는 글을 쓰려고 합니다. 다음에 대해 쓰십시오.

1) **가** 와 **나** 의 문제 중 어떤 문제에 대해 쓸지 정하십시오.

물 안 나옴

벌레, 악취

2) 어떤 문제입니까?

3) 언제부터 그랬습니까?

4) 일시적인 문제입니까 아니면 지속적인 문제입니까? 한 곳만 문제입니까 아니면 여러 곳이 문제입니까?

5) 그 문제 때문에 어떤 피해를 입었고 어떻게 하면 그 문제를 해결할 수 있습니까?

6) 관리자나 집주인에게 어떻게 요청하겠습니까? 원하는 처리 방법과 처리 기한을 쓰십시오.

써요 2

● 집 안의 문제를 알리는 글을 쓰십시오.

1 어디에 생긴 문제인지 ✔표를 하고 문제 상황을 간단히 메모하십시오.

☐ 세면대　　　　☐ 싱크대　　　　☐ 변기

☐ 하수구　　　　☐ 전등　　　　☐ 보일러

2 구체적인 요구 사항을 메모하십시오.

_____

_____

3 메모한 내용을 바탕으로 집 안의 문제를 알리는 글을 쓰십시오.

4 여러분의 집 안에 생긴 문제를 알리는 문자 메시지나 이메일을 써서 관리자나 집주인에게 보내십시오.

집 안의 문제를 알리는 글을 쓸 수 있습니까?	☆ ☆ ☆ ☆ ☆

쓰기 4
팬에게 쓰는 편지

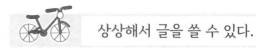 상상해서 글을 쓸 수 있다.

생각해 봐요

● 다음 편지를 보고 누가 누구에게 쓴 것인지 이야기하십시오.

> 이렇게 편지로 여러분께 인사드리는 이유는 제가
> 이제 나라의 부름을 받아 3월 28일 입대를 하게
> 되어서예요.
> 가기 전에 얼굴 볼 수 있는 자리를 만들고 싶었지만
> 아쉽게도 이렇게 편지로만 인사를 하게 되었네요.
> 20
> 팬
>
> 성자
>
> 다녀오면 만날 일이 더 많을 테니 조금만 기다려
> 주세요. 전역할 때에는 더 건강하고 멋진 모습
> 으로 돌아올게요. 그때까지 모두들 건강하게 지내길
> 바랍니다. 정말 감사합니다.

써요

● 여러분이 유명한 스타라고 상상하고, 팬에게 보내는 감동적인 편지를 쓰십시오.

1 쓰는 이유를 생각해 보십시오.

☐	☐	☐	☐
결혼함	군대에 입대함	그룹이 해체됨	데뷔 10주년임

2 편지를 받을 팬클럽 이름을 만드십시오.

3 다음 내용을 쓰십시오.

1) 시작 인사를 쓰십시오.

2) 편지를 쓰는 이유를 쓰십시오. (갑작스러운 소식, 직접/먼저 알리다)

3) 팬에 대한 감사의 마음을 전하십시오. (-고 -아서 고마웠다, 덕분에 -을 수 있었다)

4) 앞으로의 계획이나 다짐을 쓰십시오.

5) 끝인사를 쓰십시오.

4 위의 내용을 바탕으로 팬에게 소식을 전하는 편지를 쓰십시오.

상상해서 글을 쓸 수 있습니까? ☆ ☆ ☆ ☆ ☆

쓰기 5
인생 음식

 인생 음식에 대한 글을 쓸 수 있다.

 생각해 봐요

● 다음 영상과 자막을 보며 무엇을 나타내고 있는지 확인하십시오.

✏️ 써요 1

1 다음 표현을 확인한 후 문장을 완성하십시오.

보글보글　　끓다　　지글지글　　굽다　　호호/후후　　불다　　사르르　　녹다

군침이 돌다　　윤기가　　좔좔　　흐르다　　식감이 좋다

아삭아삭　　　　오도독　　　　쫄깃쫄깃

냠냠　　　쩝쩝　　오물오물/우물우물　　후루룩　　꿀꺽

1)　　　　　　　　　　　끓고 있는 어묵탕을 보니 군침이 돈다.

2) 배가 많이 고팠지만 국물이 너무 뜨거워　　　　　　　　　　　불어 가면서 먹어야 했다.

3) 이 샐러드는 생오이와 당근이 들어 있어 씹을 때마다　　　　　　　　　식감이 좋다.

4) 고기가 부드러워서 입안에 넣으면 금세　　　　　　　　　녹는다.

5) 그 친구는 수업 시간에 늘　　　　　　　뭔가를 먹고 있었다.

써요 2

● 여러분이 살면서 먹은 음식 중 가장 기억에 남는 인생 음식에 대한 글을 쓰십시오.

1 다음에 대해 생각해 보십시오.

　　1) 어떤 음식인지

　　2) 언제, 어디에서, 누구하고 먹었는지

　　3) 그 음식을 먹기 전 어떤 상황, 어떤 기분이었는지

　　4) 그 음식은 어땠는지 (맛, 식감, 냄새, 느낌 등)

　　5) 음식을 먹으면서 어떤 느낌을 받았는지

　　6) 그 이후에도 그 음식을 먹고 있는지

2 위의 내용을 바탕으로 글을 쓰려고 합니다. 좀 더 생생한 느낌을 전달하기 위해 어떤 표현을 사용할지 메모하십시오.

의성어·의태어	
비유 (처럼, -을 정도 등)	

3 생각한 내용을 바탕으로 글을 쓰십시오.

쓰기 6
문화 차이

 문화 차이에 대한 발표 원고를 쓸 수 있다.

 써요 1

1 여러분 나라의 문화와 달라서 신기하다고 생각하거나 놀란 경험이 있습니까? 그 경험에 대해 메모하십시오.

1) 어떤 문화에 대한 경험인지

2) 언제, 어디에서 생긴 일인지

3) 왜 신기하다고 생각했고, 왜 놀랐는지, 그때 어떻게 했는지

4) 그 후로 비슷한 경험을 했는지, 그 후로 생각이 달라졌는지

2 메모한 내용을 발표 원고로 쓰려고 합니다. 다음에 대해 생각해 보십시오.

1) 어디에서 누구를 대상으로 발표하는지

2) 발표 시간은 어느 정도인지

3) 발표의 제목은 무엇으로 할지

4) 발표에 자주 쓰이는 표현이 무엇인지

5) 청중의 관심을 끌 수 있는 방법이 있는지

써요 2

● 문화 차이 경험에 대한 발표 원고를 쓰십시오.

문화 차이에 대한 발표 원고를 쓸 수 있습니까? ☆ ☆ ☆ ☆ ☆

쓰기 7
설문 조사 ①

 설문 조사지를 만들 수 있다.

 ## 써요 1

1 설문 조사지의 앞부분을 작성하십시오.

   1) 설문 조사의 제목을 쓰십시오.

   2) 다음은 설문 조사지의 개요에 들어가는 내용입니다. 내용을 생각해 보고 개요를 쓰십시오.

> 설문 조사자

> 설문 조사의 목적

> 설문 조사의 주요 내용

> 설문에 답하는 데 필요한 시간

> 감사 인사

3) 다음은 설문 조사의 응답자와 관련된 정보입니다. 내용을 확인하십시오.

나이	☐ 10대 ☐ 20대 ☐ 30대 ☐ 40대 ☐ 50대 ☐ 기타( )
	☐ 20대 초반(20~23세) ☐ 20대 중반(24~26세) ☐ 20대 후반(27~29세)

성별	☐ 남성 ☐ 여성

국적	☐ 한국 ☐ 외국( )
	자신의 국적을 쓰세요. ( )

○○ 기간	☐ 1개월 이상 ☐ 3개월 이상 ☐ 6개월 이상 ☐ 기타( )
	☐ 1년 이하 ☐ 1년~2년 ☐ 2년~3년 ☐ 3년 이상

4) 설문의 응답자 정보를 정리하십시오.

2 설문 문항을 작성하십시오.

    1) 첫 번째 질문과 보기를 정리하십시오.

    2) 두 번째 질문과 보기를 정리하십시오.

    3) 세 번째 질문과 보기를 정리하십시오.

써요 2

● 설문 조사지를 만드십시오. 인터넷에 있는 설문 조사 양식을 사용해서 만들어도 됩니다.

설문 조사지를 만들 수 있습니까?	☆ ☆ ☆ ☆ ☆

쓰기 8
설문 조사 ②

 설문 조사 결과를 발표 자료로 만들 수 있다.

 써요 1

1 설문 조사 결과를 정리하십시오.

1) 각 질문에 대한 결과와 기타 재미있는 답변을 정리하십시오.

첫 번째 질문

두 번째 질문

세 번째 질문

2) 응답자의 기본 정보 중 결과 분석에 영향을 미친 정보가 있으면 그 내용도 메모하십시오.

2 좋은 발표 자료의 특징을 확인하십시오.

1) 발표 자료는 다른 글과 어떻게 다른지 이야기하십시오.

2) 이야기한 내용을 자신의 발표 자료에 어떻게 반영할지 정리하십시오.

3 발표 자료를 정리하십시오.

1) 발표 자료에 들어갈 내용을 메모하십시오.

01

제목과
발표자

02

조사의
－ 목적
－ 대상
－ 기간

03

조사
결과
1

04

조사
결과
2

05

조사
결과
3

06

조사
결과
4

07

조사
결과
5

2) 조사를 통해 느끼게 된 것이나 발표에 포함하고 싶은 내용이 있으면 메모하십시오.

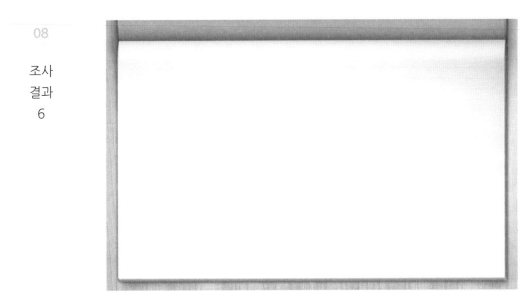

08

조사
결과
6

 써요 2

● 컴퓨터로 발표 자료를 만드십시오.

설문 조사 결과를 발표 자료로 만들 수 있습니까?   ☆ ☆ ☆ ☆ ☆ ☆

쓰기 9
습관

습관에 대한 글을 쓸 수 있다.

 써요 1

1 다음과 같이 습관 관련 표현을 사용해 문장을 만드십시오.

習관이 생기다　　습관을 만들다

습관이 들다　　습관을 들이다　　습관을 버리다

습관이 되다　　습관을 가지다　　습관을 고치다

> 아침을 안 먹는 것이 습관이 돼서 이제는 아침을 먹으면 소화가 안 된다.

> 물건을 제자리에 놓지 않는 습관을 고치면 좋겠다.

1)　습관이 생기다

2)　습관을 만들다

3)　습관을 버리다

2 다음과 같이 쓰십시오.

1)

야식을 안 먹으면 잠을 못 자다   야식을 좋아하다

↳ 야식을 안 먹으면 잠을 못 잘 정도로 야식을 좋아한다.

알람이 여러 번 울려도 못 깨다   잠을 깊이 자다

↳

2)

혼자서 생활하다   집안일을 점점 미루게 되다

↳ 혼자서 생활하다 보니 집안일을 점점 미루게 되었다.

약속 시간에 자주 늦다   친구들과의 관계가 나빠지다

↳

3)

작은 일에 꼼꼼하다   큰일도 잘하다

↳ 작은 일에 꼼꼼해야 큰일도 잘한다.

휴대폰을 보지 않아도 손에 들고 있다   마음이 편안하다

 써요 2

● 습관에 대한 글을 쓰십시오.

1 다음 중 무엇에 대해 쓸지 정하십시오.

☐	☐	☐	☐
좋은 습관	고치고 싶은 습관	새로 생긴 습관	새로 만들고 싶은 습관

2 다음에 대해 메모하십시오.

1) 어떤 습관인지

2) 이유 (좋은 이유, 생기게 된 계기…)

3) 방법 (유지하는 방법, 고치는 방법…)

3 메모한 내용을 바탕으로 글을 쓰십시오.

습관에 대한 글을 쓸 수 있습니까? ☆ ☆ ☆ ☆ ☆

담화 완성

문맥 정보를 통해 담화를 완성할 수 있다.

써요

● 문맥 정보를 활용해 다음 담화의 빈칸에 알맞은 말을 쓰십시오.

1)

    냉장고 속 식품을 신선하게 보관하려면 식품의 특성에 맞는 위치에 두어야 한다. 냉장실의 문 쪽은 안쪽보다 온도가 높고 문을 열고 닫을 때마다 온도가 달라진다. 그래서 같은 식품이라도 냉장실 문 쪽에 둔 음식은 (   ) 더 빨리 상한다. 물이나 음료수처럼 쉽게 상하지 않는 식품은 문 쪽에 보관해도 된다. 그렇지만 우유나 달걀처럼 상하기 쉬운 식품은 냉장고 문 쪽에 (   ) 냉장고 안쪽에 보관해야 한다.

2)

    한 방송 프로그램에서 학업 성적이 우수한 학생과 그렇지 않은 학생들 사이에 어떤 (   ) 조사했다. 조사 결과 성적이 우수한 학생들과 그렇지 않은 학생들의 기억력과 아이큐(IQ)는 큰 차이가 없는 것으로 나타났다. 반면에 성적이 우수한 학생들은 자신이 아는 것과 모르는 것을 파악하는 (   ) 성적이 우수하지 않은 학생들은 그 능력이 부족했다.

3)

　　조사에 따르면 타고난 체질이나 건강 상태에 따라 필요한 수면 시간이 (　　　　　　　　)
나타났다. 성인 10명 중 2명은 필요한 수면 시간이 6시간 미만인 데 반해 10명 중 1명은 9시
간 이상을 자야 피로가 풀린다고 한다. 9시간 이상을 자야 하는 사람들이 밤에 잘 못 잤다면
부족한 잠을 보충하기 위해 (　　　　　　　　　　).

4)

　　자동차의 생산 과정에는 안전 실험이 포함되어 있다. 안전 실험의 목적은 교통사고가 나더
라도 이용자의 피해를 줄일 수 있는 튼튼한 차를 (　　　　　　　　　　). 안전 실험에서는
사람 크기의 인형을 태운 차가 과속, 추락, 충돌 사고 등을 당하도록 만든다. 그리고 인형이
입은 피해 상황과 피해 원인을 조사한다. 자동차 회사는 (　　　　　　　　　) 자동차의
성능을 개선해 나간다.

5)

　　강원도 태백시는 한때 대한민국 최대의 연탄 생산지로서 활력이 넘쳐 나는 도시였다. 그러
나 1980년대 이후 난방 방식이 연탄에서 석유나 가스로 바뀌면서 인구가 급격히 감소하고
도시는 점차 (　　　　　　　　　　). 태백시 주민들은 도시를 살릴 방법을 고민했다. 높은
산지에 위치해 있어 여름에도 시원하고 겨울에는 눈이 많이 내리는 태백시의 자연환경과 기
후를 활용하기로 했다. 여름에는 해바라기 축제를 그리고 겨울에는 눈 축제를 열고 적극적으
로 홍보한 결과 태백시에 찾아오는 관광객 수는 꾸준히 (　　　　　　　　　　).

　　　　　　　문맥 정보를 통해 담화를 완성할 수 있습니까?　☆ ☆ ☆ ☆ ☆

쓰기 11
설명하는 글 ①

 설명의 방법을 사용해 글을 쓸 수 있다.

생각해 봐요

● 다음은 한국어의 특징을 설명한 글의 일부입니다. 잘 읽고 밑줄 친 부분의 설명 방법과 그때 사용된 표현을 확인하십시오.

1)

한국어는 한국인이 사용하는 언어이다. 다시 말해 대한민국, 북한 등의 한반도에서 한민족이 모국어로 사용하는 언어이다.

정의

A는 **B**이다

A란 **B**이다

A는 **B**를 말한다

2)

한국어를 표기하는 문자는 한글이다. 한글이 처음 만들어졌을 때에는 28개의 자음과 모음을 사용했지만 지금은 24개의 자음과 모음만 쓴다. 자음에는 ㄱ(기역), ㄴ(니은), ㄷ(디귿), ㄹ(리을), ㅁ(미음), ㅂ(비읍), ㅅ(시옷), ㅇ(이응), ㅈ(지읒), ㅊ(치읓), ㅋ(키읔), ㅌ(티읕), ㅍ(피읖), ㅎ(히읗), 모음에는 ㅏ(아), ㅑ(야), ㅓ(어), ㅕ(여), ㅗ(오), ㅛ(요), ㅜ(우), ㅠ(유), ㅡ(으), ㅣ(이)가 있다.

나열

첫째, 둘째, 셋째 …

먼저/우선, 다음은/다음으로는, 마지막으로/끝으로

A에는 **가**, **나**, **다**가 있다

A로는 **가**, **나** 등이 있다

3)

　　한글의 표기 방식은 다른 문자들과 다르다. 대부분의 언어가 문자를 옆으로 쭉 나열하는 방식으로 표기하는 데 반해 한글은 첫소리, 가운뎃소리, 끝소리를 모아쓰는 음절식 표기 방식을 따르고 있다.

> **대조**
>
> **A**는 **B**와 다르다/차이가 있다, **A**와 **B**는 다르다/차이가 있다
>
> **A**는 ㅡ는다는 점에서 **B**와 다르다/차이가 있다
>
> **A**는 ㅡ는 데 반해 **B**는 ~다
>
> **A**는 **B**와 달리 ~다

4)

　　예를 들어 '공부하는 곳'이라는 의미의 단어를 영어로 표기하려면 그에 해당하는 문자인 's', 'c', 'h', 'o', 'o', 'l'을 쭉 나열해서 'school'로 쓰면 된다. 그렇지만 한국어는 그에 해당하는 문자인 'ㅎ', 'ㅏ', 'ㄱ', 'ㄱ', 'ㅛ'를 나열해서 'ㅎㅏㄱㄱㅛ'로 쓰면 안 된다. 한국어는 '학교'처럼 음절 단위로 모아쓰기를 해야 글자가 된다.

> **예시**
>
> 예를 들어/예를 들면
>
> **A**의 예에는 **가**가 있다
>
> **A**의 예로 **가**를 들 수 있다

5)

　　한국어는 동아시아 문화권의 다른 언어들과 마찬가지로 '아버지', '어머니', '오빠', '형', '언니', '누나' 등 가족을 부르는 호칭어가 매우 발달한 언어이다. 그리고 이 가족 호칭어가 가족이 아닌 사회적인 관계에서도 널리 사용된다는 점도 한국어의 특징이라고 할 수 있다.

> **비교**
>
> **A**는 **B**와 같다/비슷하다, **A**와 **B**는 같다/비슷하다
>
> **A**는 ㅡ는다는 점에서 **B**와 같다/비슷하다
>
> **A**는 **B**와 마찬가지로 ~다

✏️ 써요 1

1 다음 소재 중 한 가지를 골라 제시된 설명 방법으로 쓰십시오.

1)

| 정의 | 방학 | 생필품 | 직업 |

2)

| 예시 | 연락 방법 | 엔터테인먼트의 종류 | 건강한 습관 |

3)

| 비교 | 운동과 외국어 학습 | 개와 고양이 | 치킨과 피자 |

4)
| 대조 | 여름과 겨울 | 말과 글 | 혼자 사는 것과 가족과 함께 사는 것 |

 써요 2

● 여러분의 모국어를 설명하는 글을 쓰십시오.

1 모국어의 어떤 특징을 설명할지 생각해 보십시오.

☐ 문자	☐ 표기하는 방법	☐
☐ 어휘의 특징		☐ 문법의 특징

2 그 특징을 어떤 방법으로 설명할지 메모하십시오.

3 메모한 내용을 바탕으로 글을 쓰십시오.

설명의 방법을 사용해 글을 쓸 수 있습니까? ☆ ☆ ☆ ☆ ☆

쓰기 12
설명하는 글 ②

 설명하는 글을 고쳐 쓰며 완성도를 높일 수 있다.

써요 1

● 설명문을 쓰십시오.

1 무엇에 대해 쓸지 정하십시오.

☐ 동물　　　　　　　☐ 도시

2 다음은 '동물'이나 '도시'를 설명하는 글에 나오는 내용입니다. 설명문에 포함시킬 내용을 정하십시오.

동물	☐ 종류	☐ 생김새, 크기 등	☐ 서식지
	☐ 먹이	☐ 번식	☐ 생활 양식

도시	☐ 인구	☐ 면적	☐ 지리적 특징과 기후
	☐ 역사	☐ 경제와 산업	☐ 문화

3 정한 내용을 어떤 순서로 쓸지 개요를 만드십시오. (52쪽)

4 다른 친구들과 개요를 바꿔 읽고 적절한지 이야기하십시오. 필요하면 개요를 수정하십시오.

5 개요에 맞는 글을 쓰십시오.

〈개요〉

✏ 써요 2

● 쓴 글을 고쳐 쓰십시오.

1 쓴 글을 읽어 보고 다음 내용을 참고하여 고칠 부분을 메모하십시오.

> 독자가 흥미를 느낄 만한 내용 추가하기
>
> 독자가 이해하기 어려운 내용을 쉽게 고치기
>
> 설명에 필요한 내용 추가하기
>
> 불필요한 내용 빼기

2 정확성에 신경을 쓰면서 글을 다시 고쳐 쓰십시오.

_____

_____

_____

_____

_____

3 처음 쓴 글과 고쳐 쓴 글을 비교해 보고 글이 어떻게 달라졌는지 이야기하십시오.

설명하는 글을 고쳐 쓰며 완성도를 높일 수 있습니까? ☆ ☆ ☆ ☆ ☆

쓰기 13
주장하는 글

 구체적인 근거를 바탕으로 주장하는 글을 쓸 수 있다.

 생각해 봐요

● 다음은 주장하는 글의 일부입니다. 잘 읽고 주장과 근거를 확인하십시오.

주장

근거 1 (이유)

수업 중에는 스마트폰을 사용하지 못하게 해야 한다. 스마트폰 사용이 집중력을 떨어뜨려 학습에 부정적인 영향을 미치기 때문이다. 얼마 전 한 연구에서는 수업 중의 스마트폰 사용이 학습 성과에 미치는 영향을 실험하였다. 실험 결과에 따르면 스마트폰 사용이 허용된 학생이 금지된 학생보다 학업 성취도가 낮았으며 이 차이는 시간이 갈수록 더 커지는 것으로 나타났다.

근거 2 (조사 결과)

주장하는 글

주장하는 글에서는 적절한 근거를 제시해야 독자를 설득할 수 있다. 근거로는 필자가 생각하는 이유나 전문가의 의견, 조사 결과, 통계 자료 등의 사실 정보를 활용할 수 있다.

● 다음 글에서 주장과 근거를 찾아 표시하십시오.

1)

외국어 교육은 일찍 시작할수록 좋다. 모국어와 외국어를 함께 익히면 두 언어를 최고 수준까지 잘할 수 있게 될 가능성이 크기 때문이다. 초등학교 입학 전에 외국어 교육을 받은 사람이 초등학교 입학 후에 외국어 교육을 받은 사람들보다 말하기와 듣기에서 더 뛰어난 실력을 보인다는 연구 결과도 많다. 외국어 조기 교육은 단점보다 장점이 더 크기 때문에 가능하면 일찍 시작하는 것이 바람직하다.

2)

아무리 무거운 죄를 지었다고 해도 사형을 시켜서는 안 된다. 인간의 생명은 아주 소중한 것으로 누구도 그것을 빼앗을 수는 없기 때문이다. 또한 사형 제도가 범죄를 예방하는 효과가 크지 않다는 것도 많은 나라에서 증명되었다. 따라서 사형 제도는 반드시 폐지해야 한다.

3)

최근 소셜 미디어(SNS)에는 사용 후기처럼 보이는 거짓 광고가 증가하고 있다. 이런 거짓 광고는 소비자가 제품에 대한 제대로 된 판단을 하기 어렵게 방해할 뿐만 아니라 불필요한 소비를 하게 만든다는 점에서 문제가 크다. 따라서 정부에서는 소셜 미디어에 사용 후기를 올리지 못하게 해야 한다.

🖊 써요 1

1 다음 중 여러분이 동의하는 주장에 ✔표를 하고 그 이유를 쓰십시오.

1)

☐ 수업 중 스마트폰 사용을 허용해야 한다.   ☐ 수업 중 스마트폰 사용을 금지해야 한다.

2)

☐ 조기 교육은 장점이 더 크다.   ☐ 조기 교육은 단점이 더 크다.

3)

☐ 동물원을 없애야 한다.   ☐ 동물원을 유지해야 한다.

✏️ 써요 2

● 주장하는 글을 쓰십시오.

1 앞의 주장 중 한 가지를 선택하십시오.

2 주장을 뒷받침할 수 있는 근거를 조사한 후 메모하십시오.

☐ 전문가의 의견:

☐ 조사나 실험 결과:

☐ 통계 자료:

☐

3 어떤 내용을 어떤 순서로 쓸지 개요를 작성하십시오.

4 개요를 바탕으로 300~400자의 글을 쓰십시오.

구체적인 근거를 바탕으로 주장하는 글을 쓸 수 있습니까? ☆☆☆☆☆

정답

2과 중고 물품 판매

● 써요 1

1) 탁자

2) 4인용 탁자임. 가로 150cm, 세로 100cm 정도 됨. 높이는 75cm 정도 됨.

3) 깔끔한 사각형 탁자. 연한 갈색의 나뭇결 무늬.

4) 구입한 지 두 달 정도 됨.

5) 나무로 만든 것이라 튼튼하지만 무거운 편임. 의자 포함되지 않음. 사용 흔적 있음.

6) 20만 원(가격 조정 가능)

7) 직거래. 직접 와서 가져가야 함.

3과 집 안의 문제

● 써요 1

가

2) 싱크대 물이 안 나옴.

3) 어젯밤부터

4) 나오다가 안 나오다가 함. 화장실은 물이 잘 나와서 뭐가 문제인지 모르겠음.

5) 요리와 설거지 등 싱크대 사용이 어려워서 짜증 남.

6) 가능하면 빨리 수리해 달라고 집주인에게 연락할 것임.

나

2) 하수구에서 벌레가 나오고 악취가 심함.

3) 이틀 전부터

4) 이틀 전에 비가 온 뒤로부터 벌레가 나오기 시작하더니 어제부터는 악취가 나기 시작함.

5) 원래 벌레를 무서워해서 화장실에 들어가기가 겁이 남.

6) 다음 주에 장마 예보가 있으니까 늦어도 이번 주까지는 하수구 안을 청소하고 벌레가 생기는 원인을 없애 달라고 연락할 것임.

5과 인생 음식

● 써요 1

1) 보글보글

2) 호호/후후

3) 아삭아삭/오도독

4) 사르르

5) 오물오물/우물우물/쩝쩝

9과 습관

● 써요 1

1

1) 이사 간 집 주변 풍경이 너무 예뻐서 창밖을 보는 습관이 생겼다.

2) 일찍 일어나는 습관을 만들기 위해 밤에 핸드폰을 보지 않으려고 노력하고 있다.

3) 나는 어떤 일을 하기 전에 미리 걱정부터 하는 습관을 버리고 싶다.

2

1) 알람이 여러 번 울려도 못 깰 정도로 잠을 깊이 잔다.

2) 약속 시간에 자주 늦다 보니 친구들과의 관계가
   나빠졌다.
3) 휴대폰을 보지 않아도 손에 들고 있어야 마음이
   편안하다.

10과 담화 완성

● 써요

1) • 안쪽보다/안쪽에 둔 음식보다
   • 두지 말고/보관하지 말고
2) • (능력에) 차이가 있는지
   • 능력이 있으나/능력이 뛰어났지만
3) • 다른 것으로
   • 낮잠을 자야 한다
4) • 만들기 위한 것이다/만들기 위해서다/만드는 데
     에 있다
   • 이를 통해/이 실험을 통해
5) • 활력이 사라져 갔다/활력이 떨어졌다/죽어 갔다
   • 증가하고 있다

11과 설명하는 글 ①

● 써요 1

1)
방학

방학은 학교에서 학기가 끝난 뒤에 수업을 한동안 쉬
는 기간이다.

생필품

생필품이란 일상생활에 꼭 필요한 물품을 말한다.

직업

직업이란 생계를 유지하기 위하여 자신의 적성과 능력
에 따라 일정 기간 동안 계속해서 하는 일이다.

2)
연락 방법

사람들이 많이 사용하는 연락 방법의 예에는 전화, 이
메일, 문자 메시지, SNS 등이 있다.

엔터테인먼트의 종류

대표적인 엔터테인먼트의 예로 영화를 들 수 있다.

건강한 습관

일상의 작은 습관이 건강에는 큰 도움이 된다. 예를
들어 손만 자주 씻어도 많은 질병을 예방할 수 있다.

3)
운동과 외국어 학습

운동은 외국어 학습과 마찬가지로 꾸준히 해야 효과를
볼 수 있다.

개와 고양이

개와 고양이는 사람들에게 많은 사랑을 받는 동물이라
는 점에서 비슷하다.

치킨과 피자

이 가게는 치킨 가격과 피자 가격이 같다.

4)
여름과 겨울

한국은 여름에는 온도와 습도가 높은 데 반해 겨울에
는 온도가 낮고 건조하다.

말과 글

말은 글과 달리 시간이 지나면 사라진다.

혼자 사는 것과 가족과 함께 사는 것

혼자 사는 것과 가족과 함께 사는 것은 많은 점에서
차이가 있다.

13과 주장하는 글

● 생각해 봐요

1)

외국어 교육은 일찍 시작할수록 좋다. 모국어와 외국어를 함께 익히면 두 언어를 최고 수준까지 잘할 수 있게 될 가능성이 크기 때문이다. 초등학교 입학 전에 외국어 교육을 받은 사람이 초등학교 입학 후에 외국어 교육을 받은 사람들보다 말하기와 듣기에서 더 뛰어난 실력을 보인다는 연구 결과도 많다. 외국어 조기 교육은 단점보다 장점이 더 크기 때문에 가능하면 일찍 시작하는 것이 바람직하다.

2)

아무리 무거운 죄를 지었다고 해도 사형을 시켜서는 안 된다. 인간의 생명은 아주 소중한 것으로 누구도 그것을 빼앗을 수는 없기 때문이다. 또한 사형 제도가 범죄를 예방하는 효과가 크지 않다는 것도 많은 나라에서 증명되었다. 따라서 사형 제도는 반드시 폐지해야 한다.

3)

최근 소셜 미디어(SNS)에는 사용 후기처럼 보이는 거짓 광고가 증가하고 있다. 이런 거짓 광고는 소비자가 제품에 대한 제대로 된 판단을 하기 어렵게 방해할 뿐만 아니라 불필요한 소비를 하게 만든다는 점에서 문제가 크다. 따라서 정부에서는 소셜 미디어에 사용 후기를 올리지 못하게 해야 한다.

MEMO

고려대 재미있는 한국어 ④

쓰기 writing

초판 발행	2021년 12월 10일
초판 2쇄	2023년 12월 20일
지은이	고려대학교 한국어센터
펴낸곳	고려대학교출판문화원
	www.kupress.com
	kupress@korea.ac.kr
	02841 서울특별시 성북구 안암로 145
	Tel 02-3290-4230, 4232
	Fax 02-923-6311
유통	한글파크
	www.sisabooks.com/hangeul
	book_korean@sisadream.com
	03017 서울시 종로구 자하문로 300 시사빌딩
	Tel 1588-1582
	Fax 0502-989-9592
일러스트	황인옥, 황주리
편집디자인	한글파크
찍은곳	(주)대한프린테크
ISBN	979-11-90205-00-9 (세트)
	979-11-91161-17-5 04710

값 12,000원